AF590312

DECLARATION DV ROY, POVR L'OBSERVATION DV REGLEMENT DONné en la Court de Parlement, Pour le sallaire & taxes des Iuges, Greffiers, Enquesteurs, Tabellions, Sergens, & autres Ministres de Iustice de Normandie.

ublié à Rouen en Parlement les Chambres assemblées, le dixneufiéme iour de Decembre, mil six cens dixsept.

A ROVEN.
DE L'IMPRIMERIE,
De MARTIN LE MESGISSIER, Imprimeur ordinaire du Roy, tenant sa boutique au haut des degrez du Palais.
1618.

Auec Priuilege de sa Majesté.

LOVIS PAR LA GRACE DE DIEV, ROY DE FRANCE ET DE NAVARRE : A noz améz & feaux les Gens tenans nostre Cour de Parlement de Roüen, Salut. Ayans veu la deliberation prise en nostredicte Cour le traiziesme Septembre dernier: Que nous serions tres-humblement supplié auant que proceder à l'enregistrement & publication de nostre Edict du mois de Septembre mil six cens seize, Contenant reuente de tous noz Greffes, places de Clercs, Parisis, Presentations, Tabellionnages & petits seaux, d'aggreer le Reglement par elle faict le quatriesme Iuing mil six cens douze, sur la function & perception des droicts & émoluments des Greffiers des Bailliages & Vicontez du Ressort de nostredicte Cour, qu'elle auroit faict suiuant & conformément à noz Edicts & Ordonnances pour le bien & soulagement de noz subjectz, NOVS auons faict veoir en nostre Conseil ladicte deliberation, ensemble ledict Reglement, lequel pour éuiter aux abus & maluersations que peuuent commettre lesdits Greffiers en la perception de leurs droicts & émolumẽts contre & au preiudice de noz Edicts & ordonnances, a esté trouué raisonnable de le faire obseruer. A CES CAVSES, Nous vous mandons & tres-expressément enjoignons par ces presentes signées de nostre main; que sans plus differer vous ayez a proceder à la publicatiõ & registrement de nostredict Edict selon la forme & teneur: sans y apporter aucune longueur, remise, ny difficulté, faisant par vous garder & obseruer vostredit Reglement dont coppie est cy attachée soubz nostre contre-seel, sur les peines y contenuës; Et au cas de contrauention, Nous en attribuons la congnoissance aux Iuges des lieux: & par appel en nostredicte Cour, Reuoquant toutes euocations qui pourroient auoir esté cy deuant expediées au prejudice de vostredict Reglement, qu'entendons estre gardé & obserué à l'aduenir: Enjoignans a nostre Procureur General faire sur ce toutes poursuittes, requisitions sur ce necessaires, CAR Tel est nostre plaisir.

DONNE' à Rouen le dixhuictiéme iour de Decembre, l'an de grace Mil six cens dixsept, Et de nostre regne le huictiesme.

Signé, LOVIS.

Et plus bas, PAR LE ROY.

POTIER.

Et seellé sur simple queuë du grand seel en cire jaune.

EXTRAICT DES REGISTRES de la Court de Parlement.

VEV PAR LA COVRT les Chambres assemblées, les Lettres Patentes en forme d'Edict, du moys de Septembre 1616. pour la reuente de tous les Greffes, Places de Clercs, Parisis, Presentations, Seaux, Tabellionnages & Controlle des Tiltres. Arrest du Conseil d'Estat du 4. Mars dernier, Par lequel est ordonné qu'il sera procedé à ladicte reuente, par les Commissaires qui seroient deputez par sa Majesté dãs la Prouince de Normandie, ausquels seroit dõné pouuoir d'ordonner des remboursements de tous les possesseurs d'iceux, suiuant les Reglements qui en seroient faicts audict Conseil. Arrest de ladicte Court du 12. Auril, par lequel elle auroit ordonné que le Roy seroit tres humblement suplié de la vouloir dispẽser de proceder à la verification dudit Edict. Autre Arrest du Conseil d'Estat & Lettres de Iussion expediées en consequence d'iceluy, dés 12 & 23. May. Autre Arrest de ladicte Court du 8. Iuillet an present, par lequel elle auroit ordonné que tres-humbles Remonstrances seroient faites audict Seigneur de la consequẽce dudit Edict, Lesdites Remonstrãces par escript enuoyées à sa Maiesté. Arrest dudit Conseil d'Estat du 18. dudit mois de Iuillet, par lequel est ordonné que lettres tres-expresses de Iussiõ seroiẽt expediées à ladite Court pour proceder à la verifficatiõ dudit Edict, toutes autres affaires cessans & posposees, sans plus y vser d'aucune lõgueur, reffus ou modifficatiõ, excepté pour les Greffes des affirmatiõs & Insinuatiõs, nonobstãt lesdits Arrests de reffus, Et sans s'arrester aux remonstrances n'y autres que ladite Court voudroit & pourroit faire pour ce regard, lesquelles sadite Maiesté tient pour entenduës, attendu l'extrême necessité de ses affaires, & les grandes charges de l'Estat, Lesdictes

Lettres de Iussion données à Paris ledit iour & an, Creance de Maistre François Foucquet Conseiller du Roy en son Conseil d'Estat, & Maistre des Requestes ordinaires de son Hostel, suiuant autres Lettres closes de sa Maiesté du 20. d'iceluy moys. Arrest de ladite Court du 28. dudit moys de Iuillet, Par lequel elle auroit ordonné que le Roy seroit derechef tres-humblement supplié de la dispenser de proceder à la verification dudit Edict. Autres Lettres de Iussion dõnées à Paris le 30. iour dudit mois, pour proceder à la verification dudit Edict, nonobstant ledit Arrest, Excepté pour les Greffes des affirmatiõs & Insinuations, que sa Majesté auroit reseruez en consequence des remonstrances de ladite Court, Deliberation d'icelle du 3. Aoust ensuiuant. Arrest du Conseil d'Estat du 5. dudit moys d'Aoust, par lequel ledit Seigneur auroit ordonné que ledit Edict seroit verifié, aux reseruations portées par lesdicts arrest & lettres de Iussiõ du 18. Iuillet, Et que les Greffiers iouyroient de leursdicts Greffes & places de Clercs, conformémẽt aux Edicts de sa Maiesté & antiens leurs Reglements dudit Conseil, Et neantmoins ordõné que les offices de Contrerolleurs des Tiltres de ladite Prouince, Comme aussi le Greffe des Consulz de ladicte ville de Rouen, seroient exceptez dudit Edict, sans qu'ils peussent estre compris esdites reuentes. Lettres de Iussion suiuant ledict Arrest du Conseil du 7. dudit moys d'Aoust. Arrest de ladicte Court du 9. dudict moys d'Aoust, Par lequel elle auroit ordõné que les antiens Reglemẽts sur le faict des Greffes dõt mẽtion est faite audit arrest du Conseil du 5. dudit moys seroient representez, Et ce pendãt que sa Maiesté seroit tres-humblement suppliée de vouloir ordonner que suiuãt ledit arrest & deliberation d'icelle du 3. dudit moys, les Reglements faits par ladite Court le 4. Iuin 1612 sur les taxes & émoluments desdits Greffiers, seroient gardez & obseruez, & la congnoissance des contrauentions reseruée à icelle, Reuoquant à ceste fin par sadite Maiesté les euocatiõs obtenües par les predecesseurs desdits Greffiers, qui soubz ce pretexte exigent impunément ce qu'ils veullẽt, & en faire par sadite Maiesté expedier

Lettres de declaration. Autres lettres patentes de Iussion du 6. Septembre ensuiuant. Autres lettres de declaration dudit Seigneur, données à Rouen le 18. de ce present moys, Par lesquelles sa Maiesté ayant faict veoir à son Conseil la deliberation de ladite Court du 13 Septembre, ensemble ledit Reglement fait par icelle le 4. Iuin 1612. sur la function & perception des droictz & émoluments des Greffiers des Bailliages & Vicontez de ce Ressort, Lequel Reglemēt pour éuiter aux abuz & maluersations que peuuent commettre lesdicts Greffiers en la perception de leursdicts droicts & émoluments au preiudice des Edicts & Ordonnances, Ayant trouué raisonnable de le faire obseruer, Mande tres expressement à ladicte Court de proceder à la publication & registrement dudit Edict, faisant par elle garder & obseruer ledit Reglement dōt coppie est attachée esdites lettres soubz le cōtreseel, sur les peines y contenuës, Et en cas de contrauention en attribuë la cōgnoissance aux Iuges des lieux, & par appel à ladite Court, Reuoquant toutes euocations qui pourroient y [illegible] auoir esté expediées au preiudice dudict reglement, que sa Maiesté entend estre gardé & obserué à l'aduenir. Arrestz de ladicte Court interuenuz sur la verification des Edicts de reuente & reünion desdicts Greffes au domaine de sadite Maiesté, Contenants exception des Greffes de ladicte Court & Places de Clercs esdicts Greffes dés 14. Aoust mil cinq cens soixante dixhuict, 18. Nouembre mil cinq cens quatre vingts, 18. Decembre mil cinq cens quatre-vingts quinze, 20. Mars & 24. Decembre mil cinq cens quatre vingts saize, Conclusions du Procureur General du Roy, Tout consideré. LA COVRT les Chambres assemblées du tres exprez commandement du Roy par plusieurs fois reiteré, A ordonné & ordonne, que lesdites Lettres patentes en forme d'Edict du moys de Septẽbre mil six cens seize, seront leuës, publiées & registrées, pour auoir lieu & estre le contenu en icelles executé, En ce non compris les Greffes Ciuil & Criminel de ladicte Court de Parlement & Requestes du Palais d'icelle, & les Places de Clercs esdicts

Greffes cy deuant exceptez par les Arrests de ladicte Court dés 14. Aoust 1578. 18. Nouembre mil cinq cens quatre-vingts, 18. Decembre 1595. 20. Mars & 23. Decēbre 1596. Ensemble les Greffes des affirmations & insinuations, Prieur & Consulz, & offices de Controlleurs des Tiltres, aussi exceptez & reseruez par les Arrestz dudit Conseil & lettres de Iussion sur iceulx dés 18. & 30. Iuillet & 5. Aoust derniers, & aux charges contenuës esdites lettres de Iussiō & declaratiō dudit Seigneur du 18. de ce moys, pour l'obseruatiō du Reglement faict par ladicte Court le 4. Iuing 1612. sur la moderation des taxes desdicts Greffiers, Lesquelles seront aussi registrees és Registres de ladicte Court, & les contrauentions iugées par icelle, où par les Iuges ordinaires selon les occurrēces, sans preiudice de l'vsage d'entre les Greffiers & Procureurs des Iurisdictions du Bailly & Viconte de Rouen, pour l'expedition des actes & sentences, A la charge aussi que l'execution dudict Edict pour ladicte reuente, se fera en ceste Prouince de Normandie par les

Commissaires qui seront à ce deputez, suiuant ledict Arrest du Conseil du quatriesme Mars dernier, Et sera ledict Reglement du quatriesme Juing mil six cens douze, derechef Imprimé, & enuoyé par les Bailliages & Vicontez de ce Ressort, pour y estre leu & publié, garde & obserué selon sa forme & teneur. Faict à Rouen en ladicte Court de Parlement, les Chambres assemblées, le dixneufiesme iour de Decembre, mil six cens dixsept.

Signé, DE BOISLEVESQVE.

DERNIER ARREST DE LA Court de Parlement de Rouen, donné les Chambres assemblées, sur la moderation des taxes des Iuges, Greffiers, Enquesteurs, Tabellions, Sergents, & autres Ministres de Iustice de Normandie, & autres poincts & Articles.

EXTRAICT DES REGISTRES de la Court de Parlement.

SVR la Remonstrance verbalement faicte par le Procureur General du Roy, des abuz, maluersations & contrauentions qui se commettent par les Iuges, leurs Lieutenants, Greffiers, Enquesteurs, Tabellions, Sergeants & autres Ministres de Iustice, aux Ordonnances Arrestz & Reglements sur le fait de leurs taxes & sallaires. Requerant ledict Procureur General y estre pourueu par la Court pour le soulagement des subjectz du Roy & & parties litigantes, &

les relleuer des fraiz excessifz qu'ils sont contraincts supporter a la poursuitte de leurs droictz.

LA COVRT les Chambres assemblées, ayant esgard à la Remonstrance & Requeste dudict Procureur General, & Reiglant les taxes & sallaires desdicts Iuges, Lieutenants, Greffiers, Enquesteurs, Tabellions, Sergeants & autres Ministres de Iustice, eu esgard aux charges & à la necessité du temps, Par maniere de prouision à ordonné & ordonne ce qui ensuyt. C'est asçauoir.

Que quant les Lieutenants Generaux antiens des Bailliz, Lieutenants Generaulx de l'Admirauté en la Table de Marbre & aux Eauës & Forestz, Iront en cōmission pour les parties & sejourneront plus d'vn iour, Ils ne pourront prendre pour leurs vaccations que la somme de neuf liures par iour, & quand ils reuiendront le iour mesme la somme de six liures, Les Lieutenants Generaulx où Particuliers desdicts Bailliz en chacune Viconté, Bailliz de longue Robbe,

Lieutenants Particuliers en l'Admirauté & aux Eauës & Forestz, Assesseurs Criminels, Conseillers Presidiaux, les Vicontes & le Viconte de l'Eauë sept liures dix sols, & reuenants le mesme iour cent sols.

Les Lieutenants desdicts Vicontes, les Assesseurs és Vicontez, Enquesteurs & Commissaires Examinateurs, Conseillers de la Table de Marbre & aux Eauës & Forestz, la somme de six liures, & reuenants le mesme iour quatre liures dix sols, & la moitié moins pour leurs Greffiers. où adioincts, Et sans que lesdicts Officiers se puissent faire deffrayer ny prẽdre leurs despens sur les parties, à peine de concussion, Et pour le sallaire desdicts Lieutenants Generaulx antiens ou de nouuelle creation & Particuliers, Baillifz de longue Robbe, Vicontes, leurs Lieutenants, Assesseurs Criminelz, Conseillers Presidiaulx, Enquesteurs & Greffiers dedans les villes & lieux de leurs demeures, Sera reglé à la raison du temps de leur vaccation, Pour laquelle les Iuges ne pourront prendre plus d'vn quart d'escu pour heure en Bailliage, & en Vicõté douze sols, & les Greffiers la moitié moins.

A faict inhibitions & defenses ausdits Iuges, de prendre aucune taxe pour leur sallaire des procez Criminelz, ausquels ny aura que le Procureur du Roy partie, & de retenir les prisonniers pour les rapportz & vaccations, à peine de concussion.

Les veuës & accessions des lieux seront faictes par vn seul Iuge auec le Greffier ou l'vn des Commis.

Suyuant & conformément à l'Arrest & Reglemēt dōné par ladite Court les Chambres assemblées le cinquiéme iour de Febvrier mil cinq cens quatre-vingts. Ladicte Court à faict & faict iteratiues deffenses ausdicts Iuges, de prendre pour leurs seings & approbations des actes, sentences, appointemens, mandements, & commissiōs portants execution, ou autre exploict, plus de vingt six deniers en Bailliage, & treize deniers en Vicōté, Et pour chacune Iurande de Mestier quatre sols, & sept sols six deniers pour passemēt adjudication & approbatiō de decret des heritages passez par deuant eulx, à peine de concussion.

Seront les Greffiers tenuz faire Registre

des decretz & estats & sentences données au Conseil par Rapport, lesquels ils feront relyer en registre, sans prẽdre aucune chose pour ledit registre, a peine de respõdre des dommages & interestz des parties.

Ne prendrõt pour lesdits decretz, estats, actes, sentẽces, executoires, appointemẽts, mandements & commissions, & autres expeditions emportants execution ou exploict à faire, qu'ils deliureront en vne peau ou cahier escript de tous costez, sans faire distinction entre la premiere peau & les subsequentes que vingt sols, & pour le droit de parisy & droit de Clerc à l'equipollent, Et quãt aux autres menus actes & expeditiõs communes treize deniers en Bailliage, & sept deniers en Viconté, lesquelles expeditions actes & sentences qui se donneront en Iugement, Ils recueillirõt & enregistreront fidellement en vn autre Registre qui sera relié auparauant, & paraphé en chacun feuillet par le Iuge & par l'vn des Aduocats ou Procureur du Roy, auquel Registre seront inserez les encheres, obeissances, recognoissances & offres des parties lesquelles suiuãt les Arrestz & Reiglements seront signées par lesdictes parties & leurs Procureurs sur le champ & dans la leuée de la Iurisdiction, autremét l'on ny aura aucun esgard, Et sans que lesdits Greffiers puissent employer les Ordonnances & expeditions, recognoissances, obeissances, offres & encheres sur les esticquettes baillées par les parties.

Et pour obuier à la longueur & prolixité superfluë desdicts decretz & estats, ordóné que esdites lettres & pages de decret, ne serõt inserez les lettres contracts & tiltres des opposans, Mais seulement les causes d'opposition auec le dabte du tiltre obligations ou sentences & arrestz dont ils s'aydent, & les noms des Tabelliõs où Notaires qui auront passé lesdictes obligarions & du Iuge ayant donné lesdictes sentences, sans y employer les raisõs des parties, Sauf à deliurer acte desdictes raisons & plaidoyé à part & separément en papier aux opposants qui le requerrõt chacun pour leur faict & regard, Comme par semblable ils deliurerõt à chacun adjudicataire lettre du decret adjudicatiõ & estat de son enchere, sans qu'ils soyét tenus leuer ledit decret adjudicatiõ & estat entier, Et enjoinct aux Greffiers deliurer lesdictes actes appointements & sentences dans trois iours au plus tard, Et defenses aux Iuges d'appointer les parties sur l'accordance des minuttes, à peine de soixante quinze liures d'amende pour chacune contrauention, Et aux Procureurs & Aduocats de proceder sur ladicte accordance, à peine de vingt liures d'amende en leur nom priué.

Seront tous actes, expeditions & simples mandements diliurez en papier, Reserué les sentẽces interlocutoires & diffinitiues, où autres actes portants executiõ qui pourront estre deliurez en parchemin, Pour l'escripture desquels actes en papier, est defendu ausdicts Greffiers de prendre ne exiger plus grande somme que de quinze deniers pour feuillet, auec le droit de Clerc & parisy a l'esquipollent, & raisonnablement escripts & fourniz de vingt cinq lignes pour page, & de quinze sillabes en chacune ligne suyuant l'ordonnance, Sans toutesfois rien innouer pour le Greffe des Prieur & Consulz.

Les Contrerolleurs des tiltres, Greffiers des Insinuations tant Ecclesiastiques que

Lays, seront tenuz par semblable garder & obseruer le present Reglement, tant pour leurs Registres que actes qu'ils deliureront, Nonobstant les Reglemẽts sur ce faicts par les Commissaires deputez pour l'execution de l'Edict desdits Contrerolleurs des tiltres au contraire, & bailleront lesdicts Contrerolleurs des tiltres recepissé des contracts qui leur seront presentez pour enregistrer s'ils en sont requis, en cas que dans le iour ils ne les puissent enregistrer, ledit recepissé apres les trois mois non vaillable, sinõ qu'il y eust poursuitte dans ledict temps.

Et pour les actes sentẽces & contracts en parchemin, seront tenuz tant lesdicts Greffiers que Tabellions & Notaires pour les cõtracts & sentences qui ne seront en cahyer, de bailler bonnes & loyalles peaux bien & suffisamment fournies d'escripture, chacune peau contenant soixante & huict lignes, & chacune ligne sept vingts lettres & des moindres à l'équipollent, Et pour ceux qui seront escripts en cahyer à la raison de vingt deux lignes pour page, & de quinze sillabes en chacune ligne, à peine de concussion, & seront tous extraicts de contracts & sentẽces deliurez en papier.

Est enjoinct & commandé tant ausdicts Iuges, Greffiers, Notaires & Tabellions, que ausdicts Contrerolleurs des Tiltres, Huissiers & Sergeants, d'apposer en leurs actes, memoriaux & sentẽces, registres, cõtracts & exploicts la somme par eux reçeuë tant pour l'émolument salaire que escripture chacun à part & auprés de leurs seings, sur pareille peine.

Et deffenses faictes aux Iuges de signer aucuns actes escripts, autrement que selon la forme cy dessus prescripte & esquels l'ordonnance n'aura esté gardée, sur peine d'en respondre en leur propre & priué nom, Et ausdicts Greffiers, Tabellions, Notaires & Contrerolleurs des Tiltres, Huissiers & Sergeants de n'exiger outre les sommes & taxes susdites, sur peine de punition corporelle, suspention & priuation de leurs Estats & exercice desdicts Greffes, & de rẽdre & restituer ce qu'ils aurõt pris de plus.

Et pour faire cesser les plainctes des taxes excessiues qui se font par les Iuges & Officiers des Iurisdictions tant Royalles que subalternes aux decretz estats & distribution des deniers des prix d'iceux, Ladicte Court suiuant les Arrestz precedents, leur à faict & faict inhibitions & defenses d'ordonner, prendre, & exiger, ne permettre qu'il soit pris & exigé aucuns deniers pour liure, Tant sur le prix des ventes & adjudications d'heritages, que de la vente des biens meubles, ne sur les opposants emportants deniers, aux estatz & distribution de deniers qui se feront en Iustice, encor' que ce fust de leur consentement, Ains leur simple vaccation pour tenir lesdits estats de decrets, ausquels ne pourrót assister plus de sept, soit en Bailliage ou en Viconté, compris le Iuge & Rapporteur, Et ne prendront pour leur salaire & assistence, asçauoir pour leur vaccatió d'vne heure en Bailliage que vingts sols pour le Iuge, vingt sols pour le Rapporteur qui faict & dresse l'ordre & estat des oppositions, & vn quart d'escu pour chacun des Conseillers Presidiaux, pour chacune heure de leur assistence, & en Vicóté pour le Iuge & le Rapporteur chacun vn quart d'escu, & autres assistants chacun cinq sols.

Enjoignants ausdits Iuges de faire signer

le temps de leurs vaccations, qu'ils cotteront par chacune vaccatiõ, en tenãt lesdits estats aux Procureurs tant du decretant que des encherisseurs, Lesquels estats le Iuge & Rapporteur seront tenuz signer arrester & mettre au Greffe dedans la huictaine apres iceux tenuz pour le plus, Sur peine de respõdre en leurs noms priuez de tous despens dommages & interestz des parties, & d'amende arbitraire.

Et pour l'assistence & examen des cõptes de Mineurs, & Estats de deniers mobiles fruicts & leuées serõt tenuz, & lesdits comptes rẽduz par deuãt le Iuge & vn des Lieutenans Assesseurs ou Aduocat seulement, assistez du Greffier, & mis au Greffe dans ledit tẽps, & leur vaccatiõ reglée en la forme susdite, tant pour le salaire que signature, & à raison du temps qu'ils auront vacqué.

Et pour le regard des Huissiers & Sergeãts, Ladicte Court leur enjoinct vacquer diligẽment à ce qui est de leur function & charge, Et à ceste fin ordõné qu'ils bailleront recepissé aux parties requerantes, des sentences & contracts qu'ils mettrõt en leurs mains :

&

& l'enregistreront au Registre lequel ils sont tenuz faire suyuant l'Ordonnance, & faire iceluy parapher en chacun feuillet par le Iuge, & l'vn des Officiers du Roy, au lieu, Et en leurs exploicts employront au commencement leur nom & demeure, Mesmes le demeure de ceux à la requeste desquels ils feront les executions, Ensemble des executez ou adjournez, & le lieu ou ils auront esté trouuez, & sy c'est auant ou apres midy, à peine de suspension & d'amende arbitraire.

A faict inhibitions & defenses aux Iuges chacun endroit soy, de reçeuoir aucun à l'exercice de l'estat de Greffiers, d'Huissier, ou Sergent, & Tabellions, s'il ne sçait bien lire & escrire, Et pour ceux ja reçeuz, leur enjoinct d'en commettre d'autres, s'ils ne sont trouuez experts en l'escripture, & quelle soit bien lisible.

A faict inhibitiõs ausdicts Greffiers, d'enuoyer les Informatiõs & Enquestes au Greffe de la Court, qui ne soient escriptes d'escripture qui se puisse facilement lire, à peine de vingt liures d'amende en leur nom priué, Et entant que seroit le salaire desdicts Huis-

D

siers & Sergeants, Ladicte Court leur a faict & faict inhibitions & deffences de prendre ne exiger plus de deux sols pour toutes sommations, exploicts, & assignations simples dedans le lieu de leur Sergeanterie & domicille, Et pour la significatiō des appellatiōs, doleances, anticipations, & autres lettres Royaux, Patentes & Arrestz sept sols six deniers : Et en cas que l'escripture excede plus d'vne feuille de pappier, Seront payez outre ledict salaire à la raison de quinze deniers pour feuillet escripts suyuant l'Ordonnance.

Et pour les exploictz qui serōt faicts hors la ville & districk de leur Sergeanterie, pour la vaccation d vn iour quarante cinq sols, & quand ils sejourneront plus d'vn iour, à la raison de quatre liures, Tant pour eux que pour leurs Records, outre le salaire de l'escripture.

Et quant aux exploicts des saisies, criées & diligēces de decret, ne pourront lesdicts Huissiers & Sergeants, prendre plus grand salaire que de vingts sols pour chacune saisie & criée, & pour chacune parroisse outre le salaire de l'escripture à la raison susdicte, & ce dās la ville & distrie de leurs Sergeanteries & hors icelles, plus de quarante cinq sols pour chacune saisie ou criée, & de quatre liures en cas de plus long sejour que d'vn iour, outre le salaire de l'escripture.

Ne pourront neantmoins les Huissiers & Sergeants qui feront lesdicts exploicts hors le lieu de leur resseance, prendre plus grand salaire que les Sergeãts ordinaires des lieux: si par la Court ou Iustice pour certaines causes & considerations il ne leur est permis faire lesdicts exploicts.

Feront les Sergeants ordinaires les Inuentaires des biens des Mineurs, Et deffenses faites aux Iuges, Assesseurs, Enquesteurs & Cõmissaires Examinateurs, de s'entremettre de faire lesdicts Inuentaires, s'ils ny sont appellez par les Tuteurs ou parens.

Et afin d'obuier aux inconuenients qui arriuẽt ordinairemẽt aux venduës des fruicts & leuées, lesquelles s'adjugent à vil prix par les Iuges au Pretoire, Par ce que les encherisseurs ne peuuẽt auoir cognoissance de ce qu'ils encherissent & de la valeur, au grand prejudice de ceux a qui ils appartiennent,

Ladicte Court à ordonné que lesdictes vendües se ferõt sur les lieux ou ils sont, & s'adjugeront par le Sergeant par pieces sur le champ apres proclamatiõs faites, en faisant par le Sergeãt la monstree, & defenses ausdicts Iuges de les adjuger au Pretoire.

Les Greffiers des Presentations, serõt tenuz auoir Bureau ouuert au parauant la Iurisdiction, pour reçeuoir les Presentations & le droit d'icelles, Et au cas qu'il fust appellé aucunes causes en l'Audiẽce sãs auoir presenté, ne sera donné aucune action aux Greffiers pour leur droit de Presentation, Mais se pourrõt presenter en Iugemẽt pour estre payez dudit droit, Et defenses ausdits Greffiers de prendre ledict droit de Presentation pour les recognoissances de Cedules & és causes sommaires & legeres, lesquelles s'expedient en vn iour suyuant la modification de l'Edict, Et en vne mesme cause prẽdre plus d'vne Presentation de chaçune partie.

A faict inhibitions & defenses aux Iuges, de se rendre adjudicataires des Greffes de leur Iurisdiction, par achapt engagemẽt ou autrement, ny par personnes interposées.

Au surplus à ordonné & ordonne, qu'il sera informé par les Conseillers de la Court trouuez sur les lieux & Iuges ordinaires, des exactiõs commises par aucuns Greffiers des Presentations, & des compositiõs qu'ils sõt ordinairement auec les parties, sur les assignations qu'ils leur font donner, faute d'auoir payé le droit de Presentation, dont ils tirent de grands deniers.

Mesmes des exactiõs que sõt les Gaugeurs & Visiteurs des Poidz & Mesures où leurs Commis, lesquels contraignent les particuliers de cõposer par certaine somme par an, dont ils exigent grãds deniers, à la foulle & oppression du peuple, Et leur à inhibé & deffendu de prendre plus que ce qui leur est limité par les Ordonnances & Arrestz de la Court, à peine de punition exemplaire, & autres peines au cas appartenant; Leur enjoignant faire les approchemẽts des fautes qu'ils trouueront par deuant les Iuges, sans en composer.

A par semblable faict inhibitions & deffenses aux Voyers & leurs Commis, de trauailler & molester aucun des subiectz du Roy, ains se comporter en leurs charges suyuant les Reglements & Arrestz, sur les mesmes peines, sans prendre ny exiger aucune chose des Communautez, Tresoriers & Fabricques des Eglises, Sauf à approcher en Iustice ceux qui seront trouuez en faute & tenuz à la reparatiō des chemins, Enjoignant ausdits Conseillers de la Court trouuez sur les lieux, & Iuges, d'informer des maluersations, exactions & concussions desdicts Voyers & autres cy dessus mentionnez, & proceder contre eux ainsi qu'il appartiendra : Nonobstant oppositions ou appellations & sans prejudice d'icelles.

Et pour le salaire des Mesureurs, Ladicte Court à iceluy taxé à trente sols pour iour, & pour leur porte perche quinze sols aussi pour iour, & du moins à l'equipollent.

Et afin que le present Reglement soit inuiolablement gardé & obserué, & que aucun n'en pretende cause d'ignorance, Ladicte Court à ordonné & ordonne, qu'il sera leu par chacun an aux Iurisdictions ordinaires, aux assizes d'apres la Sainct Michel & Quasimodo, Et outre qu'il sera affiché par tableau à l'huis du Pretoire des Iurisdictions

& Tabellionnages. Faict à Rouen en ladite Court de Parlemẽt les Chambres assemblées, le quatriéme iour de Iuing, mil six cens douze.

Signé, DE BOISLEVESQVE.

DV MARDY DIXIESME iour de Iuillet, mil six cens douze, à Rouen en la Court de Parlement.

PRES lecture Iudiciairement faicte de l'Arrest de la Court donné les Chambres assemblees, Contenant Reglemẽt sur les contrauentions qui se cõmettent par les Iuges, leurs Lieutenãs, Greffiers, Enquesteurs, Tabellions, Sergeants, & autres Ministres de Iustice de ce Ressort, aux Ordonnances & Arrestz de ladicte Court sur le faict de leurs taxes & salaires, Oy sur ce le Procureur General du Roy, Lequel à requis que ledict Reglement soit enuoyé par les Bailliages de ce Ressort, pour y estre gardé

& obserué selon sa forme & teneur, & que par mesme moyen il soit pourueu aux plaintes qui se font des denys de Iustice & delaiz en l'instruction des procez par deuant les Iuges des lieux : à la foulle & ruine des parties. LA COVRT a ordonné & ordonne, Que ledict Arrest de Reglement sera Imprimé & enuoyé par ledict Procureur General par les Bailliages & Vicotez de ce Ressort, Pour y estre leu, publié, gardé, & obserué, selon sa forme & teneur, Et à ceste fin enioinct aux Substitutz dudict Procureur General sur les lieux d'y tenir la main, & en certifier ledict Procureur General dans vn moys, Et faisant droict sur la Requeste dudict Procureur General, Ladicte Court enioinct aux Iuges de cedit Ressort, de garder les Ordonnances & Arrestz sur le faict des delaiz, à peine en cas d'appel pour deny de Iustice à raison de ce, de respondre des despens & interestz des parties, en leur propre & priué nom & autres au cas appartenant.

Signé, DE BOISLEVESQVE.

www.ingramcontent.com/pod-product-compliance
Ingram Content Group UK Ltd.
Pitfield, Milton Keynes, MK11 3LW, UK
UKHW022140260726
13993UKWH00005B/2061

9 782329 308715